Ce cahier appartient à:

O

O

1

1

2

2

3

3

4

4

5

5

6

6

7

7

8

8

9

9

A a

A a

A a

B b

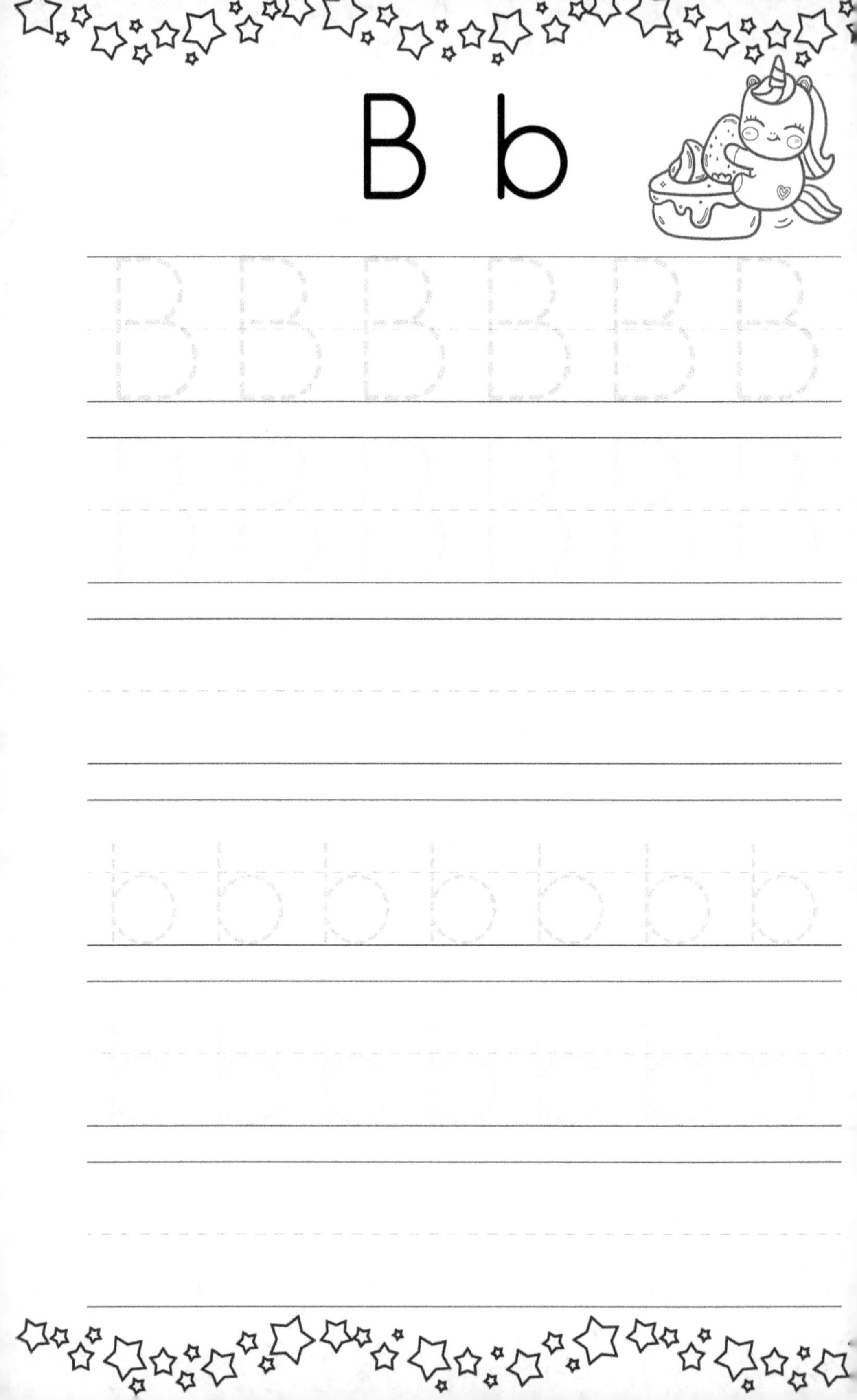

B b

B b

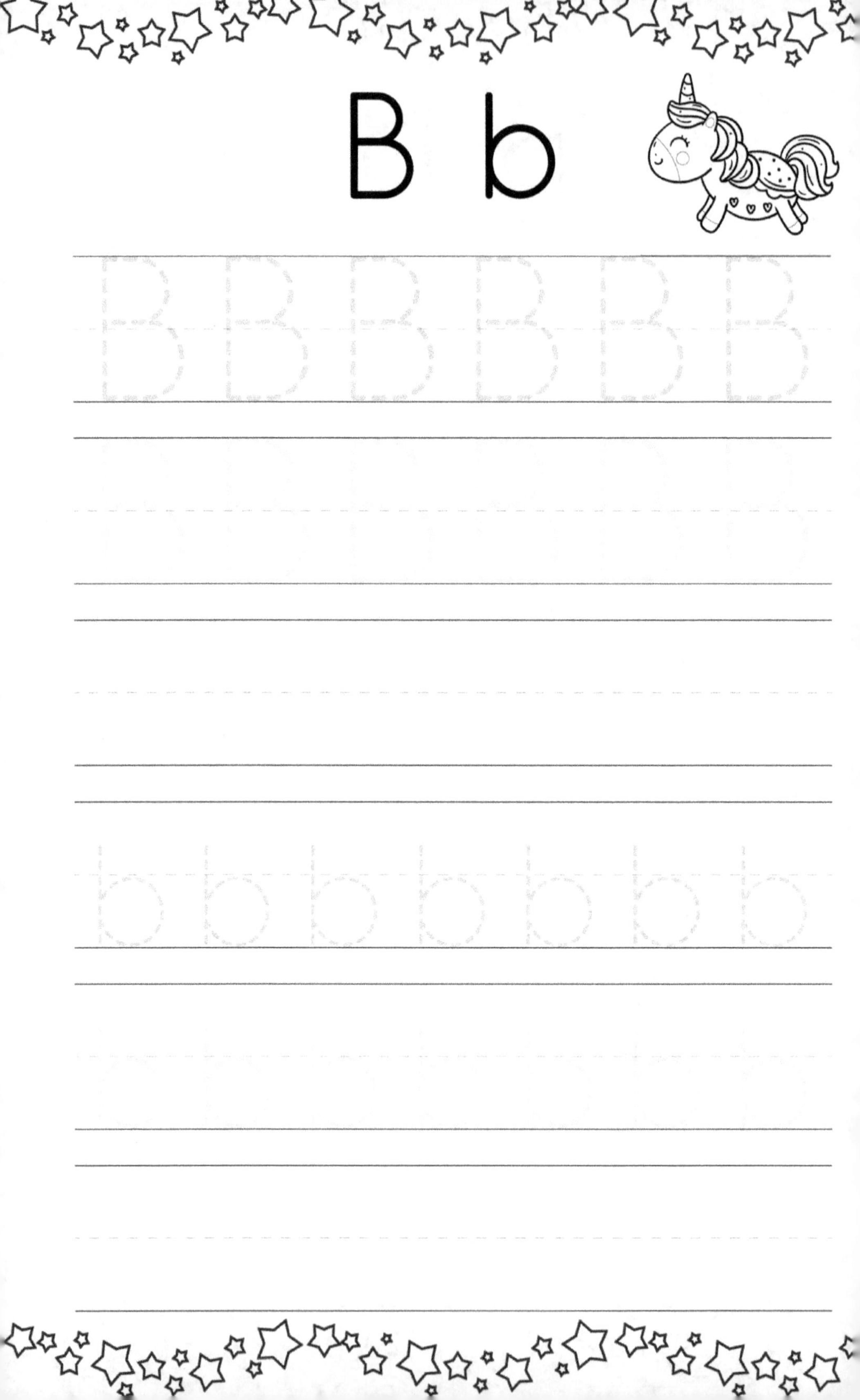

C c

C c

C c

D d

D d

D d

E e

E e

E e

F f

F f

F f

G g

G g

G g

H h

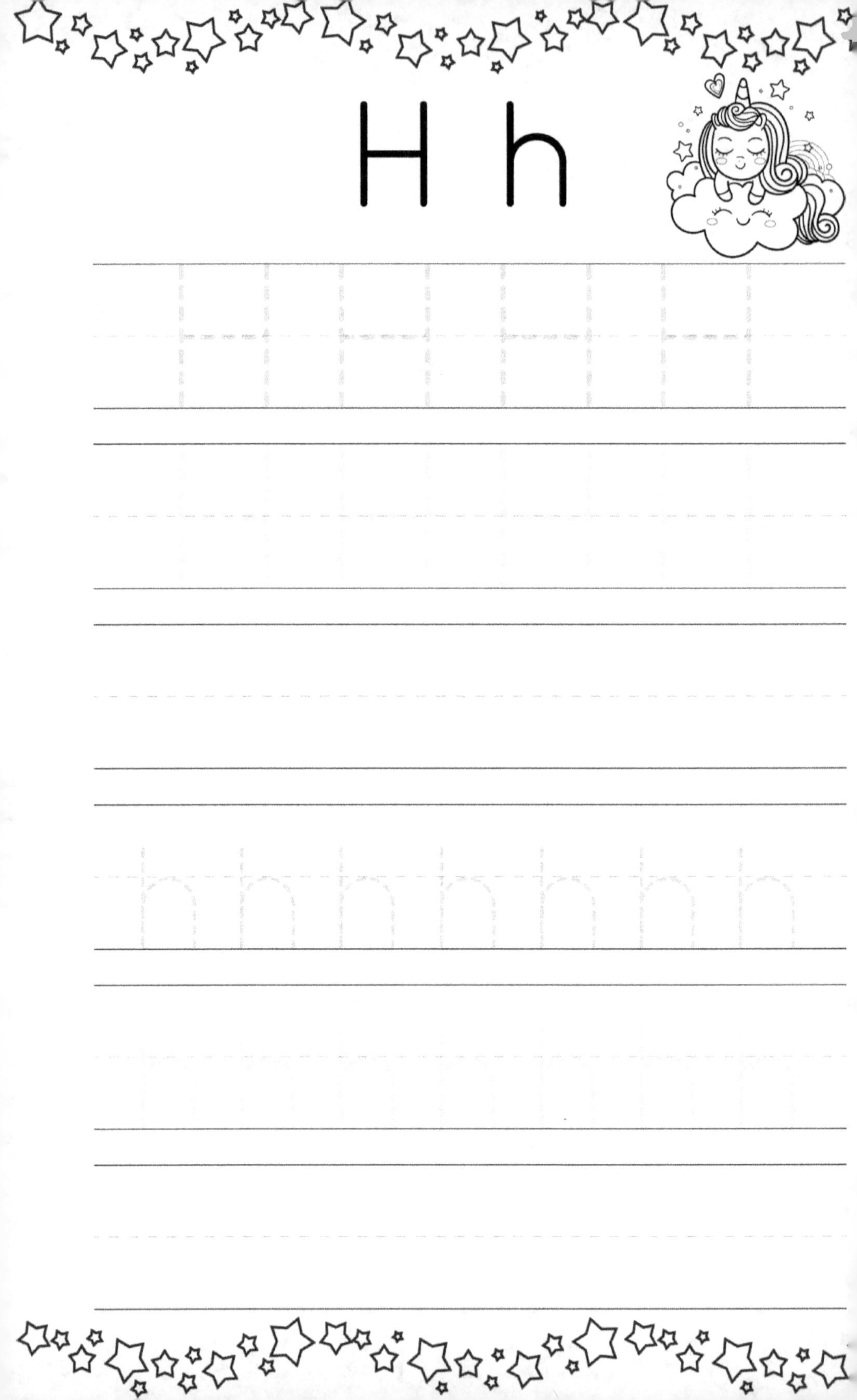

H h

H h

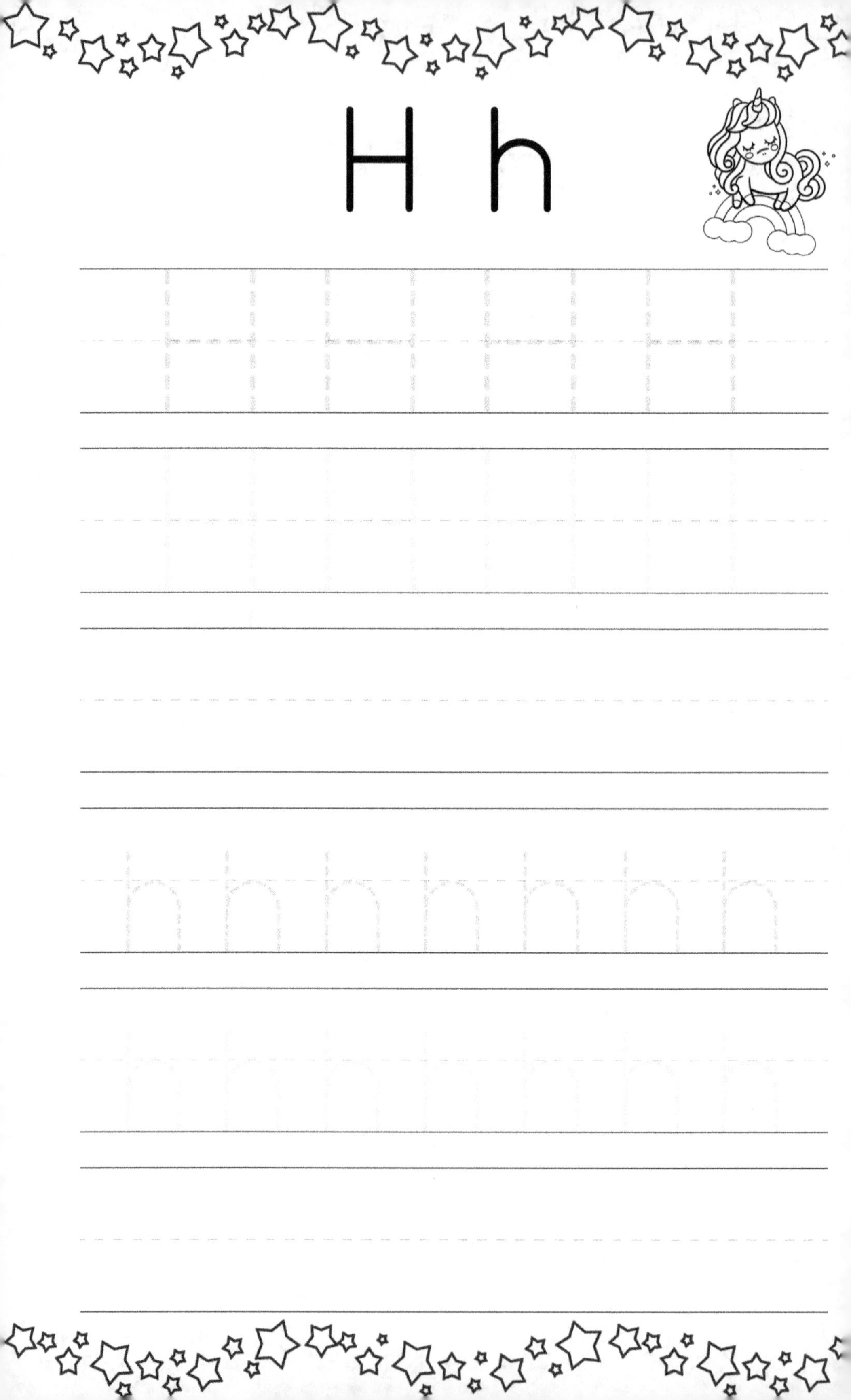

l   i

I i

I i

J j

J j

J j

K k

K k

K k

L l

L l

L l

M m

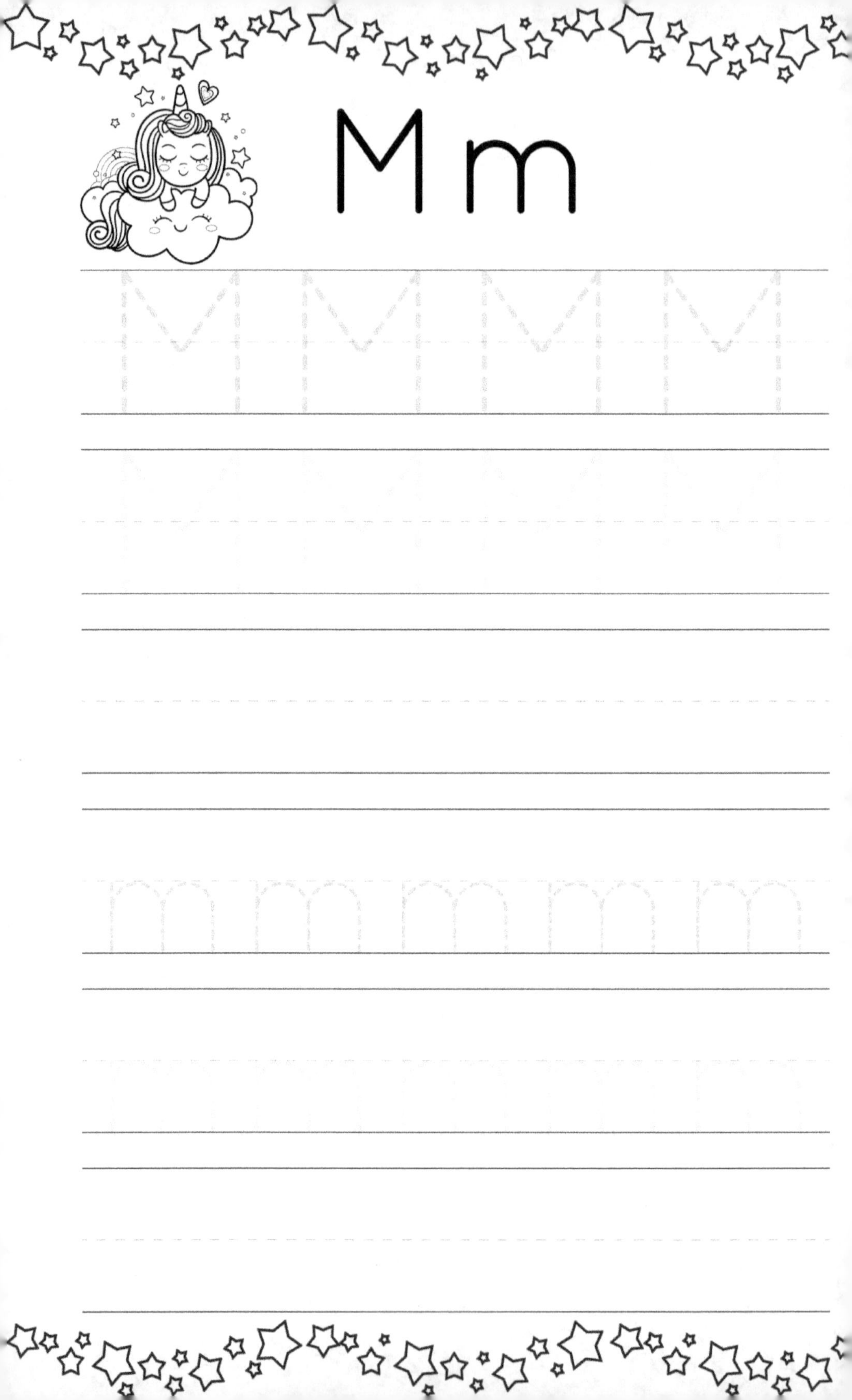

M m

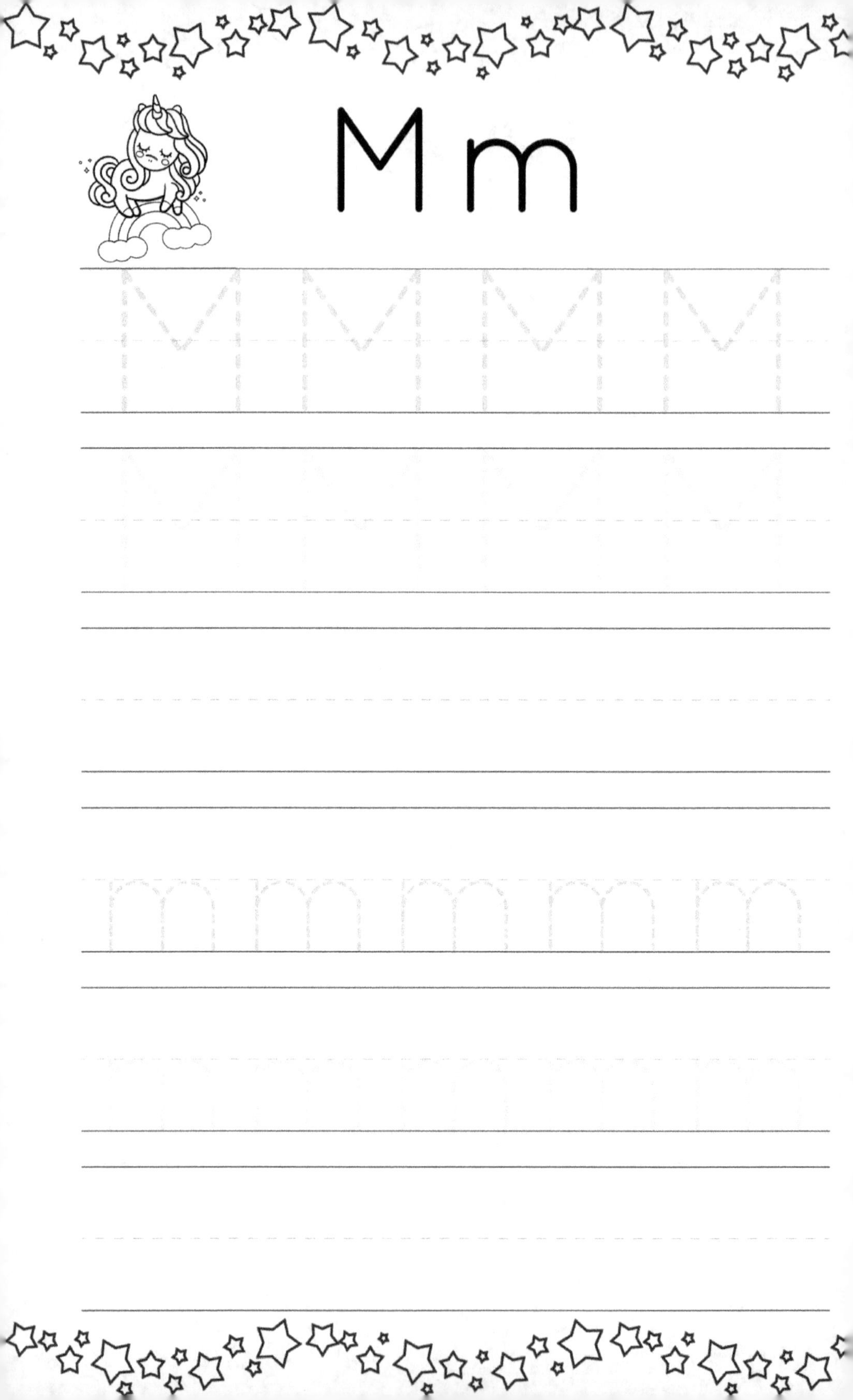

M m

N n

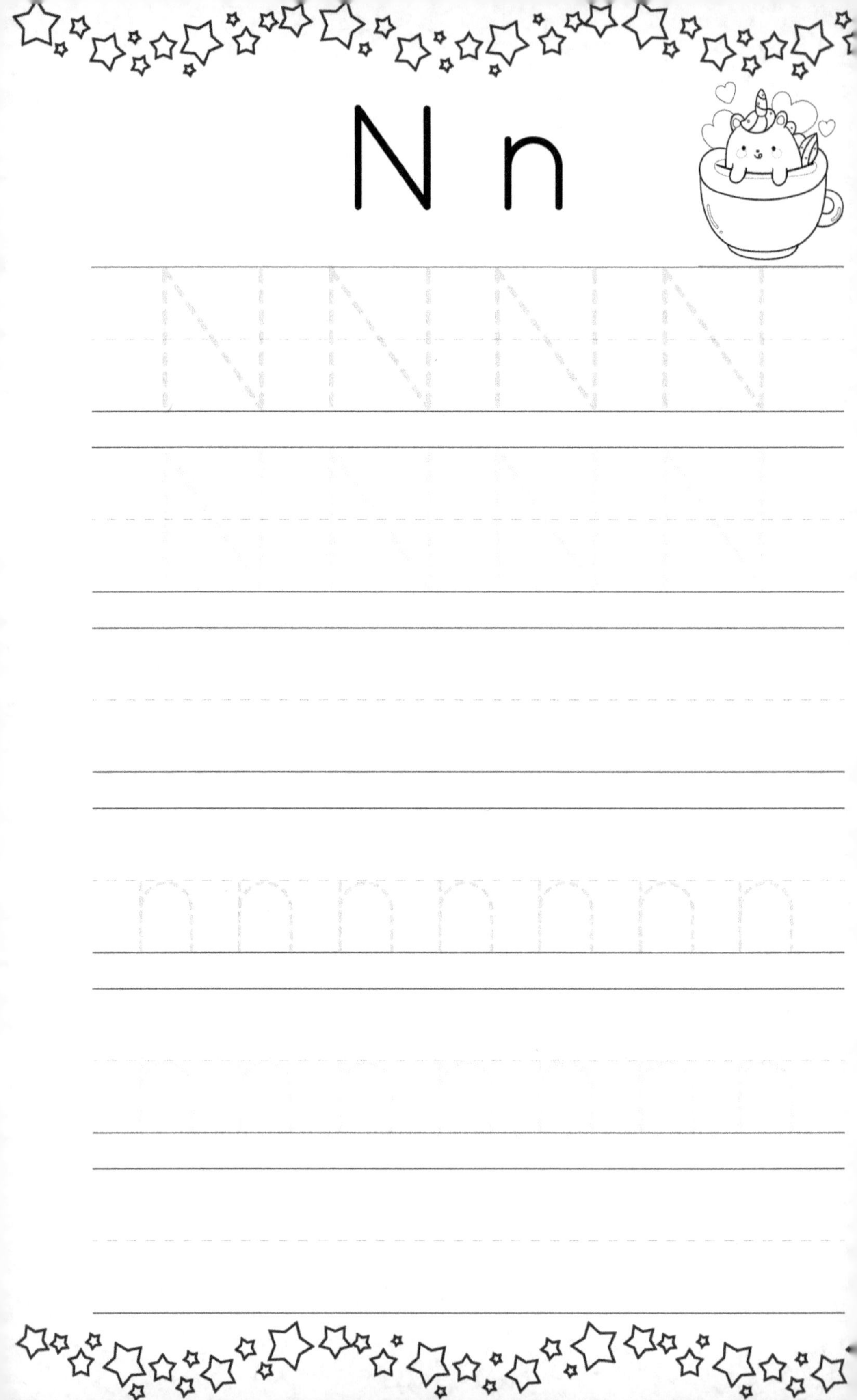

N n

N n

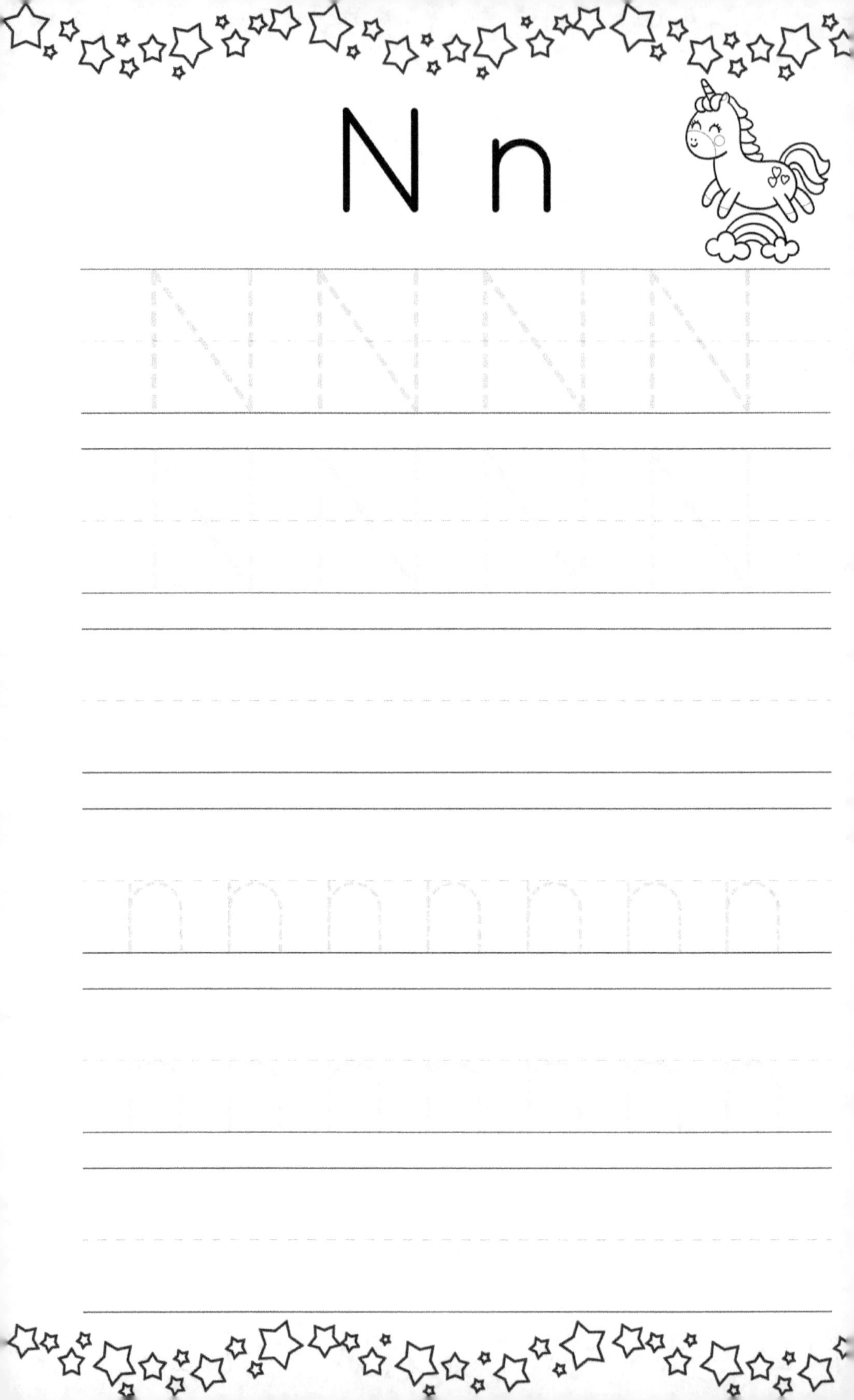

O o

P p

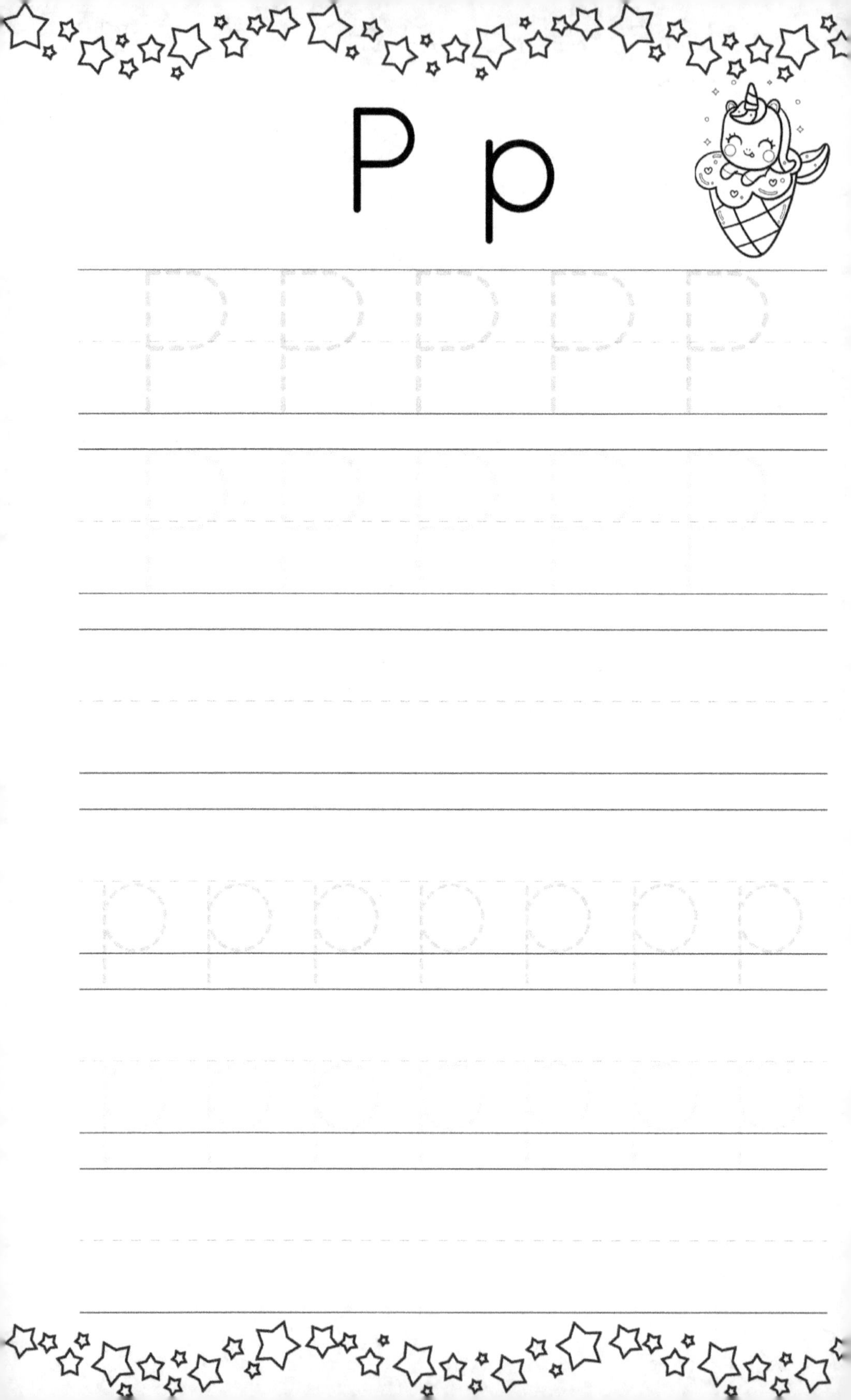

P p

P p

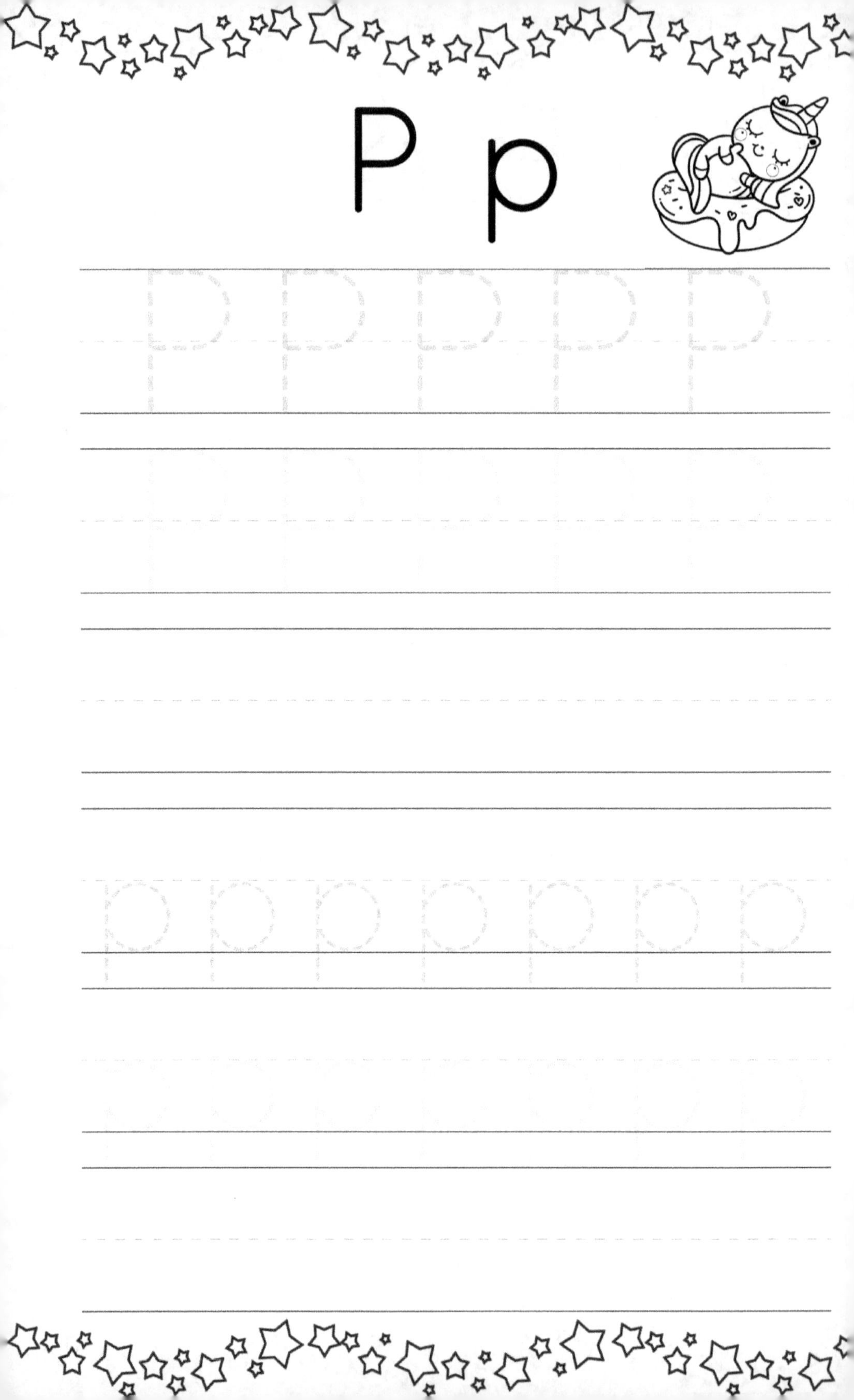

Q q

Q q

Q q

R r

R r

R r

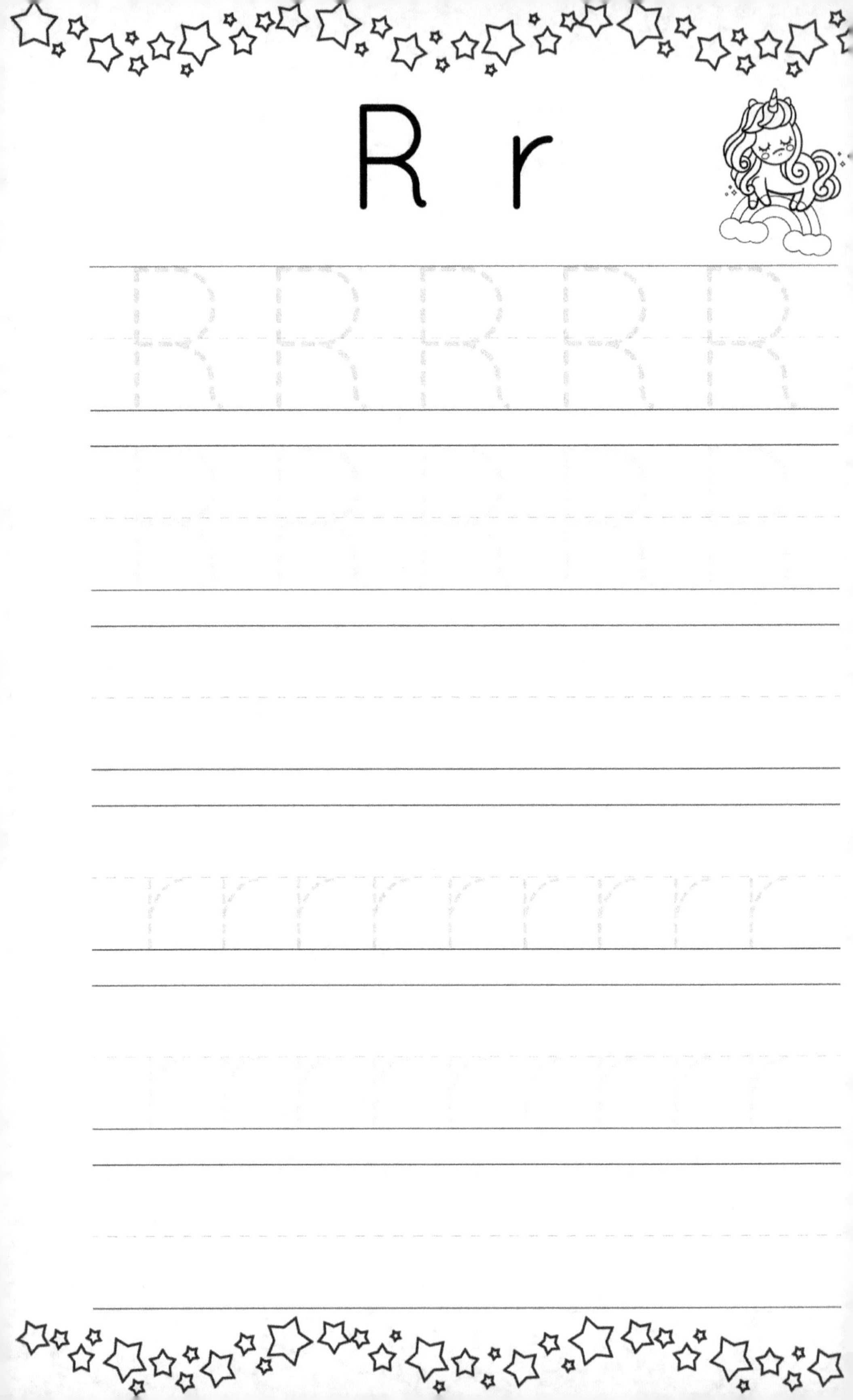

S s

S s

S s

T t

T t

T t

U u

U u

U u

V v

V v

V v

Ww

Ww

Ww

X x

X x

X x

Y y

Y y

Y y

Z z

Z z

Z z

www.ingramcontent.com/pod-product-compliance
Lightning Source LLC
Chambersburg PA
CBHW051426150726
48000CB00005B/1974